바다는 칼날을 세운다

신원희 시집

시인의 말

고맙다

긴 여행에서 무사히 돌아와서
아름다운 동행이 있어서

차례

003　시인의 말

1부
011　바다 요리
012　꽃들이 타오르는 이유
014　거미줄타기
016　시간 정류소
018　모래의 시간
020　빈 집
022　동그라미를 들다
024　불꽃놀이
026　백야
028　서재에서
029　폐광
030　검은 터널
032　룸바
034　동백다방
036　인터체인지를 지나며

2부

039   퀵 서비스

040   비밀의 정원

042   선물

044   북 치는 토우

046   귀가 몇 개

048   알바트로스

050   호박

052   나의 파타고니아

054   무궁화 꽃이 피었습니다

056   찔레꽃

057   애기동백

058   대숲에서

060   구름의 행진

062   불티 하우스

064   달은 왜 둥근가

066   빗질

3부

069　빛나는 고전
070　버스킹
072　바다는 칼날을 세운다
074　꽃을 위한 모노로그
076　칠월
078　애니메이션
080　건기의 아이들
082　불혹
083　개기일식
084　오래된 극장
086　삼도 화상
087　향유고래
088　터널은 아픈 질문이다
090　숨바꼭질

4부

095 불새

096 일요일의 연애

098 암스테르담

100 넥타이는 즐겁다

102 베토벤 바이러스

104 아이스 워치

106 이상 기후

108 구월의 레퀴엠

110 암코양이 여자

111 내부수리 중

112 마우스

114 풀밭 위의 오찬

116 레드카펫

118 백날의 꿈

119 바닥에 대하여

해설_손남훈

120 삶을 통찰하는 포용의 힘

1부

바다 요리

바다의 껍질을 벗겼다
파도를 찢었다
토막 난 바다 옆구리를
지난 여름의 소낙비와 천둥번개를
밀봉한 비밀을
찜통 속에 처넣고 불을 지폈다
푸드덕 솟구치는 바다
돌팔매질로 바다를 가라앉히고
나는 운다
구름과 폭풍의 손톱에 상처난
혼자 먹는 점심
옹배기에 퍼담은 바다
시들은 오후
미지근했다

꽃들이 타오르는 이유

대장장이는 쇠의 마음을 안다
뜨겁게 발기하는 철의 얼굴을 보는 순간
낫이 될는지
깜냥을 알아낸다
감춰진 비유를 알아챈다
비밀이 없는 사람은
불의 뼈를 달구어 타오른다
얼음처럼 차가운 날
꽃집에는 장미들만 부산하다
날마다 늙은 화가는 꽃집에 가서
이젤을 세워놓고
꽃들의 속살을 그린다
꽃의 음성을 알아듣고
혼절하는 꽃잎의 신음을 눈치챈다
뜨거운 말 속에 동굴이 있어
체위를 바꾼 꽃잎들이 떨어지는 동안
버려야 할 것이 무엇인지
아는 순간을 그린다

절정의 순간에
꽃들은 불꽃처럼 제 몸을 태운다

거미줄타기

들판을 덮는 개구리 울음소리
청승맞은 곡비를 닮았다
이승에서 못다한 말들이
돌 속으로 무겁게 가라앉는다

숲냄새 아련하게 퍼져
짙은 달무리가 깔린 밤이다
사각사각 달빛의 모서리를 파먹은 시간이
어미거미가 그어버린 길을 더듬는다
길따라 부는 바람소리 들린다

말의 촉수를 내건다
부드러운 혓바닥에서 굴러내린 자모들
출렁 허공을 돈다

벗겨진 말
접혀지고 찢겨진 말들이
흔들리는 거미줄에 걸린다

흔들리는 생이란 저렇듯 위험한 것이리라

홍수처럼 터져나오는 말들
단단한 동심결로 묶어 놓는다
매듭 아래서 신음소리가 들린다

붉은 상처 위로 흥건히 흐르는 달빛
가시덤불 건너 돌너덜 지나 고요를 지나
꼬리를 물고 이어지는 생각을 지난다
강물이 소리없이 생각을 받아먹는다

시간 정류소

백년예식장 앞 버스정류소 벤치
벤치 위에 쌓아놓은 계절들
가로수 잎에 얼굴들이 매달린다
초록 손을 내밀어 악수한다
비오는 거리의 눈빛이 흐리다
잘 가라 손을 흔드는 엄마
젖은 벤치는 잠시 가슴이 먹먹하다
나의 뿌리는 그녀이다
깊게 뿌리내리려 안간힘으로 버틴 시간들
불온한 바람이 흔들어도
꿈쩍 않던 여인이다
벤치 위에 노래와 장갑을 놓는다
지팡이를 든 손이 얼지 않도록
쉬지 않고 부르는 노래
점점 투명해지는 그녀의 손
벤치의 무게를 초과한 낮과 밤이 흘러내리고
커피 한 잔과 아침이 지나고
북극의 빙하가 녹는 오후에

늙은 이누이투가 쓸쓸히 서 있다
북극곰의 눈물에 고향이 사라지는
지구의 내면이 바뀌는 시간
잠시 멈춘 사이
벤치가 허공으로 사라졌다

모래의 시간

몸속 울음 주머니를 열자
모래 아래의 얼굴이 흘러내려요
감춰진 주름살이 무거워요
그림자 없는 유령이
거실에서 침실로 옮겨가고
창백한 그의 발자국 소리를 듣고 있는
밤이 눅눅해요
내 안의 길이 들판을 돌아오면
침대의 얼룩도 반가워질까요
기억을 버려
구름의 발목을 늘리듯
생의 유효기간이 늘어날까요
화면 속 글자들이 흐느끼고 절규해요
죽은 나무껍질에 이름을 새겨요
낮은 노을을 베고 누워요
슬픔을 램프처럼 들고 갈래요
구불구불한 길을 신고 갈래요
연습도 못하고 넘어갈래요

폐허의 텍스트 속으로
북쪽으로 이사 중이에요

빈 집

누군가 초인종을 누른다
살찐 고요 속에 먼지가 쌓인다
기억의 문은 몇 겹인가
집 앞 층계에 앉아 기다리던 너
건널목 차단기가 붉은 치마를 벗자
동해남부선이 어둔 터널을 지나
내 귓속으로 들어온다
흑백 영화의 프레임처럼 서 있는 집
달빛 그물에 걸려 비틀거린다
발설하지 못한 혓바닥이 돋아난 벽
달팽이관을 두드린다
침묵 속에서
그 집은 사람들을 기다린다

흰 손만 남기고
바람이 바다의 페이지를 넘긴다
키 낮은 배롱나무 아래
숨겨진 시간이 수초처럼 무성하다

고양이 한 마리
또 한 마리를 데려오고
사이렌 소리에 모두 사라진다

아무도 돌아오지 않는 항구에
너는 산다
어둠이 짙으면
어느 곳이나 창문의 문장은 같다
거울에 비친 길을 보면
가로등 따라 작은 운하가 나오고
먼 하늘이 노오랗다

동그라미를 듣다

해변 갤러리
창백한 벽
액자 안 화면 가득한 색색의 동그라미들
적막을 심화시키는 누구의 나직한 음성인가
끊일 듯 끊일 듯 이어지는 산사의 종소리인가
색점 하나하나 울림을 가졌다
그 소리들을 안으로 끌어들여
그리운 동그라미를 그렸나보다
신비로운 광채를 내뿜는 달처럼
둥근 마음을 기르고 싶었던 게다
그녀의 얼굴에서 빛이 뿜어져 나온다
그녀의 눈이 빛나고 있다
천년의 종소리 들려주려 맥놀이 주기로
목탁 두드리듯 도장 찍듯
진동은 중첩되어 울려퍼진다
어둑한 벼랑의 굽고 뒤틀린 곰솔나무 어깨 위로
한줄기 빛으로 안기는

저녁
종소리 보인다

불꽃놀이

여자가 야윈 손가락으로
검게 접은 바다를 쫘악 찢었다
푸른 수초를 목에 걸고
해변에 누웠다
주름진 파도의 가랑이
버림받은 아이들이 깨어났다
어둠의 비늘이 끝없이 쌓이고
허공을 뚫고 온 불꽃이 너무 비렸다
하얀 파꽃들이
파채를 썰 듯 아픔을 썰었다
해풍을 씹던 해변 골목이
반음 낮아졌다
흔들리던 카페 간판이 깔깔 웃었다
흑인 마네킹이 금색 스타킹을 벗어 던지고
담배 연기가 밤길을 맛있게 태웠다
문 닫은 극장에서 모던 타임즈는
흑백으로 상영되고 있었다
모자 쓴 찰리 채플린과

손잡고 집에 돌아왔다
담벼락에 핀 꽃의 이마를 짚어주었다
내 머리 속의 새가 푸드덕 날개짓하며
상수리나무에 새둥지를 지었다
어머니는 갱년기였다

백야

주민센터를 지나
보은슈퍼 비어있는 골목으로
여자의 산책길은 이어진다
출생지를 벗어나지 못할까봐
여자의 날개죽지는 어려서부터
그렇게 근질거렸는지 모른다
여자의 등에 깃털이 돋아나
송네 피오르드 깊은 만에 들어가는 순간
오후의 갈색 눈동자 속으로
비가 내려 길을 잃고 걷는다
백야의 거리
어둠을 감춘 회전목마는
쩌릿한 눈빛으로 말을 걸어오고
질긴 빛들 사이로
지붕 위의 구름은 꽃다발을 걸어준다
가끔 거울 속으로 들어가면
우울한 낯선 거리가 나와
잠복 중인 시간 속으로

마트료시카가 숨어있는 광장
길이란 길은 모두 열려있어
해가 새카매지도록
실컷 걸었어

내 노래가 부풀어 오르도록

서재에서

비 오는 날
서재 안을 헤엄치는 물고기들
파도가 밀어내는 바람소리를 듣고 있다
바람의 낡은 페이지를 넘기자
낯선 시간으로 밀려오는 신화들
기억의 주름살은 지워지는가
어제의 흔적을 뒤적인다
사막을 방황하는 고고학자
어두운 동굴 속을 본다
동굴 속을 흐르는 물줄기
시린 발목을 담그자
그의 발자국이 밟고 왔을 길들을
둥글게 말아 적셔준다
미궁이어서 진실이 된 고전
스르르 허물어지는 활자들
자기를 벗어나라 한다

폐광

 한때는 눈부신 광맥으로 순금의 세월을 누렸던 당신, 광부의 곡괭이질에 제 안의 광물 죄다 빼앗기고 텅 빈 갱도를 가르는 어둔 바람이 키우는 검버섯이 빈집을 채웁니다 집중호우 내리고 붉은 기억들 쌓인 해안선을 따라서 온 당신의 달팽이관 림프액에 맞출 주파수는 더 이상 남아있지 않습니다 깊고도 아득한 밤늦도록 꽃피우던 자궁의 줄기세포를 비우고 빈 가슴으로 남은 당신의 가슴 벽에서 궁상각치우 거문고 음률이 와르르 쏟아집니다 도시의 쓸쓸한 빈 골목 가득 당신의 젖은 세월의 바퀴가 구른 흔적 남아 있습니다 함지박 이고 있는 주름진 얼굴의 곡선은 자꾸 나무의 나이테를 닮아갑니다 몹시 추운 겨울을 견딘 나무결이 더욱 단단해진다는데, 단단히 마음먹고 살자 하는 당신의 굽은 어깨 너머로 늙은 차나무 한 그루

 꽃향기가 실려 옵니다

검은 터널

터널을 지나려면
어둠을 흔들어 주어야 한다
누르고 있는 육중한 산등성이의 침묵을
입구와 출구 사이에 놓아야 한다
암스테르담 꽃시장을 구경하던 날
내 안의 터널에 갇힌 적이 있다
막힌 출구를 뚫느라
낮과 밤을 삽질하는 동안
문밖의 가을이 절명하고
추억이 너울진다
얼굴을 뒤바꾸는 꽃잎을 넘어
운하를 건너는 다리가 보인다
홍등가 골목을 지나다
마네킹으로 본
흑인 여인의 육감적인 가슴
그 눈동자 사이에서
긴 터널을 본다
칠흑같은 그늘

연기처럼 흘러들어온

아프리카

검은 터널은 환하게 뚫려 있었다

룸바

이슥한 밤
바닷길에 거친 물살 저으며
우리는 가고 있었지
당신은 다리를 잃고
나는 기억을 잃었지
거주지에서 쫓겨나고
집은 사정없이 불타고 말았어
외다리로 스텝을 밟고
입에는 붉은 장미를 문 당신
파도 위에서의 룸바는 근사했나요
절벽에서 바라본 바다는
깔깔대며 훼방을 놓고 있었지
뼈가 없는 것들은 물렁했었지
새 구두로 갈아 신고 춤을 춰요
골목을 지나 운동장으로 가요
버스 정거장까지 쉬지 말고
아코디언 소리 들리지 않아도 좋아요

지구 끝까지
룸바를 추면서 달려요

동백다방

카프치노 향이 등을 떠밀자
해일이 계단을 적셨어
창가의 선인장 노란 꽃을 보고 있으면
나를 아는 척하는 당신의 눈빛
가시가 촘촘한 혀로
나의 눈시울을 헐게 했어
물 먹은 얼굴을 한 장씩 뜯어
벽에 걸어놓자
비명이 새어 나왔어
왼손으로 입을 막는 동안
숨이 막혀 헐떡거렸어
이마가 어두워졌어
담장너머 동해남부선이 외롭게 지나갔어
흔들리는대로
떠도는 시간들이 돌아왔어
카페라떼 한 잔의 적막
변신을 꿈꾸는 밤이 낯설어지는 변두리
백밀러 속에서는

배들이 하루를 마감하고
어깨가 좁은 마당은 붉은 입술을 오므렸어
동백이 불쑥 문을 열었어

인터체인지를 지나며

초음파 사진 속 작은 복숭아 두 개가 열려 있다
"많이 커져 있습니다. 2년 정도 약을 먹어야겠군요." 정류장에 서자 155번 버스는 기다렸다는 듯 넙죽 반긴다 바리움: 신경안정제, 암포젤: 위장보호제, 갑상선약, 하루 세 번씩, 한 달 90번, 일년 1,080번, 2년이면 2,160번이나 먹어야 한다 원동 인터체인지를 지나간다 SK 아파트 창문 속으로 따가운 햇볕이 기관총을 난사하듯 시끄럽다 봄내 화들짝 소란 피우던 영산홍은 시든 꽃잎 털어내고 싱싱한 푸른 잎맥을 반짝이는데 키울 게 없어 가는 목 속에 나무 한 그루 키워낸 장한 내 몸 뿌리 내리려 그렇게 잦은 몸살을 했구나 눈치 없는 몸이라고 작은 타박이 나온다 '시집가려 날 잡자 등창 난다더니, 재수 없는 놈은 접시물에도 빠져 죽는다더니…' 막힘없이 통과하려는 컨테이너 가득 실어내던 몸이 지쳤구나 잘라내도 잘라내도 사철 푸른 잎새 키워내는 미나리처럼, 아직은 힘센 어미로 살아야 하는 몸인 것을

2부

퀵 서비스

보낸다
내게는 오직 한 분
그녀에게
거의 귀머거리가 된 그녀의 달팽이관 깊숙이
흐르는 노래 속으로…
파도치는 아침 바다의 비린 내음
떨어지는 자목련 입사귀의 가는 떨림
탐스런 젖통에 매달려 꿀꺽 넘기던 모유의 기억
새끼발가락 티눈

모두 보낸다

비밀의 정원

시립미술관
큰 나무들이 황금목걸이*를 주렁주렁 걸고 있다
나무의 정령들이 비손하는
마음을 엮어 만든 희망의 메시지일까
발설하지 못한 비밀이 반짝인다

월요일의 목걸이가 노래한다
화요일의 목걸이가 상냥하다
수요일의 목걸이가 무시한다
목요일의 목걸이가 불안하다
금요일의 목걸이가 슬퍼한다
토요일의 목걸이가 피곤하다
일요일의 목걸이가 악수한다

칠월 터널을 뚫고 올라오는
치자꽃 비린내에 취해
고립의 계절을 건너
허공을 헤엄쳐 오는 물고기들

허락도 없이 친구와 황금목걸이를
나눠 걸고 덕수궁 돌담길을 걷는다
몰래한 연애가 스릴 넘치듯
남몰래 선을 넘은 우리는
선을 넘는 생각이 세상을 바꾼다고
길가 가로수에 황금목걸이를 걸어두고
춤추며 돌아오는
내 인생의 황금기가 시작되는 오늘
먼 옛날 안데스 산맥 인디오들에게
황금알을 선물한 가장 큰 콘도르가
날개를 편다
안데스 산정의 하늘이 붉다
태양만이 콘도르의 고독을 안다

*황금목걸이: 장 미셸 오토니엘 작품.

선물

항아리가 꽃을 피우는 아침
꽃은 사람처럼 잠을 자며
천천히 깨어나서 기지개를 켜듯
꽃잎을 펼쳤다

하늘에서 막 선물이 도착했다
작은 고사리 손을 움켜쥐고서
용감하게 온 보드라운 손가락에서
구름꽃 향기가 났다
흰 구름을 타고서
이 행성에 온 것을 축하해

미세먼지 없는 초록별에서
허리에 찬 철조망 걷어내고
천지와 백록담에 손 적시며
만났으면 우리 얼마나 좋았을까

국경을 건너는 공항의 밤이 깊어가는구나

바람은 제가 원하는 곳으로 분다지
나뭇잎에 제 흔적을 남기며
바람구두를 신은* 마녀처럼
안데스 산맥 오지를 찾아가니
커피꽃이 하얗게 피어있더구나
호세 아저씨의 페도라를 빌려 쓰고
말을 타고 가는 산길이 기분좋다

안데스 산맥을 넘어가는 저 뭉게구름을
선물로 보내마

*랭보의 시에서.

북 치는 토우

겨울 조계산
벌통 바위는 수련 중이다
입이 없는 아이
귀가 없어 가슴이 텅 빈 아이는
정토로 달려간다
어깨를 드러내고 북채를 쥔 아이는
하늘의 문을 두드리는 것이다
달북 소리가 은은히 빛나
간절하게 북을 치지 않는 순간이 있다
고통 뒤의 웃음이
물고기와 놀아줄 때 그물을 찢었다
그물코에 걸린 햇살이 눈부시고
도공의 타령질이 서툰 저녁
서풍 부는 그늘 아래
신라 토우는 북소리를 듣는다
방사하는 봄은 멀리 있고
바위의 문을 열어

달북이 체위를 바꿨다
하늘 한 폭이 찢어지고 있었다

귀가 몇 개

지구의 끝이라는
에딘버러 골목
하늘 저편이 어두워진다
번개 택시를 타고 오는
우기를 예감하는 오후
인내심이 부족한 사내들은
마음이 상하면
대낮도 캄캄해진다
새들이 쫓겨난 저녁
북해의 바람을 타고
추락은 영광이 된다
붉은 새의 깃털이 흩어진다
빈 새장이 울고
순례자의 녹슨 잠이 쌓인다
서랍이 입술을 반쯤 열면
수증기로 쓴 편지가
막 도착한다
낯선 고도에서 쓰여진 문장은

여러 겹의 눈동자를 갖는다
눈물이 말라가는 사람을 위해
지워지지 않는 길이 젖는다
돌아갈 길 먼 새들이
등 뒤에서 속삭인다
귀가 몇 개 더 있어
그림자가 길어진다

알바트로스

유월 땡볕을 베고 누운 나그네
커다란 날개를 겨드랑이에 마구 구겨 넣고
긴 산책을 마치고 달콤한 낮잠에 빠져들었다
그의 겨울 두툼한 돕바는 잿빛으로 번들거리고
덥수룩한 얼굴, 부리는 다친 듯하다
이제 커다란 날개는 방해가 될 뿐
대양을 날던 알바트로스는 땅위에선 절뚝절뚝 걷는 떠돌이
해안가 비린내 맡으며 아스팔트 더운 길가 귀퉁이가 그의 집이다
오늘은 하지夏至, 장마가 시작된다는데
비에 젖은 그의 날개 죽지는 더욱 간지러울 것이다
꺾인 날개로 비워내는 길은 얼마나 적막할까
간이역을 지나가듯 스쳐가는 순간이 아득하다
거대한 바다는 사라졌을까
잃어버린 해안선 따라 친구 돌고래들이
하늘 나는 꿈을 꾸었는가
새우처럼 웅크린 등이 움찔움찔한다
하늘 길을 놓친 바다새

천 겹의 속울음이 알을 낳는다
둥근 알 속에 물길이 열리면
낮은 해조음 소리에 날갯짓하는가

알바트로스

호박

공복의 새벽
누구를 기다리는지
길섶에 쪼그리고 앉은 여자
바람의 긴 혀로 햇볕을 뜨개질한다

꽃이 피는 눈길 따라
방향을 바꾸고
떠도는 호박벌
낮은 채로 만나
때론 제 가슴 속을 갉아먹는
벌레들을 껴안고 사는 여자

생의 변방
폭우 내려도
싱싱한 늑골로
꽃 피우며
젖은 입술
넝쿨손으로 감추는 여자

여자의 몸
여기저기 흉터 남아도
허공을 밀며
둥근 가슴으로 살아가는
이 시대에 맞는 만능여자

나의 파타고니아

다른 행성에서 온 그대여
푸른 멍이 든 여름날은 여행이 필요한 시간이라네
달이 입술을 여는 밤의 숲에 들어서자
그윽한 자카란다 내음

물병자리를 머리에 두르고
어질머리를 앓는 여자는
절정의 순간에 죽는 것이 꿈이었네
비파나무 아래의 추억은 사소했네

숲의 이마를 더듬어 바람 부는
오솔길은 옷을 벗고 깃털을 갈아 입었어
행선지를 알 수 없는 물고기들 잠든 밤에
왼쪽 가슴은 한움큼의 통증을 느꼈어

마음의 반란이었나
판도라 상자를 더는 열지 말라는 약속이었어
아름다운 것은 훔친다는 것

녹슨 언어로 쓴 편지는 이제 불태우는 편이 좋아
운명을 해독하는 것은 미친 짓이야
그것은 죽은 티라노사우루스를 부활시키는 일이야
용이 불꽃을 토해내는 시대라면 모르지

거친 대륙에 닿기 위해 흘러들어온 사람들
흙의 속살을 핥는 그대의 뿌리는
더 깊은 중심을 향해 발을 뻗었어

무궁화 꽃이 피었습니다

꽃그늘 속에서
숨을 참고 꼭꼭 숨었다
노래소리 듣고 찾아올까
들킬까 바람 타는 꽃잎
속으로 성큼 들어가자
흰 꽃잎 간지럽다
칭얼대며 숨을 몰아쉰다
꽃의 허방에 갇혀
그만 길을 잃어버려
어둔 골목을 지나고
먼 기억의 골짜기를 지나자
마음은 아득한 벌판을 달린다
흔들리는 먼나무 가지에 깃든 새
새의 영혼도 흔들리고 있는가
흔들리는 것은 싱싱한 몸짓
흔들리지 않는 것은 텅빈 죽음이다
윙윙대는 꿀벌들 사이로
머리카락 보일라 꼭꼭 숨어라

푸른 물관 타고
술래의 찾는 소리 들려와
바람의 긴 혀 사이로
꽃봉오리 벙글어지며
전율하는 정오에
무궁화 꽃이 피었습니다

찔레꽃

반 박자 놓치고 시작한 찔레꽃 가시에
붉게 찔려가는 십이월 오후
언니는 한계령을 멋지게 부르다
아리랑 고개로 날 넘겨주었다
집시처럼 떠돌다가도 세모엔
도돌이표 되어 함께 노래방으로 모이는 사람들
한 해의 마침표를 찍는 중이다
고음불가라도 목청껏 부르는 노래
생의 지루함을 지루박 추듯
슬슬 돌려보는 것이다
중심을 잡으려 한 박자 쉼표 위에 서보는 것이다

안개 짙은 밤에

애기동백

오늘 붉은 소포가 왔다
예정일도 먼데
많이 보고 싶었나 보다
태동으로 느낄 땐
잔다르크가 되려나
여장군 감이구나 하던
어미가 선잠 깨어
신음도 없이
짧은 산통 끝에
아기 동박새가 왔구나
귀여운 울음소리
고작 1킬로그램의 꽃송이
3cc 6cc 8cc
넘기는 초유
힘차게 비상하는 목숨

피어라
아기동백

대숲에서

김피부과 병원 문을 열고 들어선다
건너편 벽면에는 대숲이 우거져
설핏 산들바람이 불어 댓잎이 흔들리는 듯하다
지리산 골짜기에서 옮겨 온
가는 허리로 우아하게 서 있는 작은 대숲은
주위를 환하게 밝혀준다

여린 피부는 조그만 상처에도 헐고 흉터가 생긴다
어린 날 대밭에서 놀던 사내아이들은
날카롭게 베어낸 대나무 밑둥에 곧잘 찔렸다
검정 고무신은 처참히 찢어지고
분수처럼 퍼지는 붉은 핏방울들…

대숲아래 연못 진초록 연잎에
작은 은구슬 쪼르르 담겨있다
연못은 절로 깊어가고
대숲 그림자 키 자라는 오후
생명은 한 번은 죽는다고

한 번의 죽음, 한 번의 삶이
연못 지나 대숲 시퍼런 죽창으로
하늘 향해 꼿꼿이 서 있다

구름의 행진

긴 침묵이야
배터리가 부족한 날
눈 내리는 소파에서 느린 음악을 들었어
굴을 파고 잠에 빠지자
두 개의 달이 뜨고
월요일이 며칠 늦게 찾아오는 11월

비상구가 비상한 터널처럼
내 마음 속 길에서는
너는 항상 아홉 살일 터이니
목요일의 터널을 지나
낮을 통과하던 버스를
따라오면서 손 흔들어 주던
아이의 이마가 반짝였지

금요일의 부드러운 말씨가
송별회라고 알려주는 동안
밤의 피부가 두꺼워지고 있어

밤의 주름을 펴는
구름의 행진이 점점 빨라졌어

계단에 앉은 노래 따라
낯선 거리에서 휘파람을 불면
이제는 늦도록 나타나지 않는
일요일의 배후가 더 이상 궁금하지 않아

불티 하우스

거울 안으로 들어가 흰 벽에
동그란 두 눈알을 달아주는 엄마
실핏줄 터진 붉은 눈동자 대신에
헌 눈 줄게 새 눈 주렴 하신다
눈앞을 가로막는 검은 빛줄기들
불티가 쏟아져 마구마구 쏟아져
손 내밀어 잡아보니 뜨겁다
돌도 녹일 것 같다
못 볼 걸 너무 많이 보아버린 걸까
팔십년 생을 여닫는 소리가 어지럽다
비릿한 바람 삐딱한 골목 옆
빈 의자는 거리도 아이들도 바다도
관찰하고 있다
의자의 눈은 맹목적일 뿐
질긴 기억의 바람만 분다
창문 바로 앞에 바다가 걸어온다
태풍에 떠밀린 거대한 고래가 보인다
고래의 입 안에서

작은 아이들이 줄넘기도 하고 킥보드도 타고
배드민턴도 치면서 놀고 있다
왼쪽 허리가 아픈 엄마가 새로 산 눈알들
베란다 이 구석 저 구석
부화하고 있다
빨랫줄 위에서도 꼬물꼬물 움직이고
브래지어 팬티에도 주렁주렁 달려있다

젊어진 엄마는 산통 중이다

달은 왜 둥근가

분황사 동쪽
효행리 가는 길을 아시는가
서라벌 하늘
달의 둥근 젖가슴에서
뿜어져 나오는 젖빛 뽀얀 밤
산그늘 놀다가는 징검다리 아래
찬 물에 손 담근 어머니
물결 거친 강을 기르고 계셨다
물 밑 맑은 날 산비둘기 소리 들렸다
긴 머리칼 풀어 어둠을 붓질하며 기다렸다
반쪽 얼굴로
신새벽 품팔이 떠난 효녀 지은*
온갖 허드렛일 스무 살 가는 허리에 둘렀다
푸른 달빛 아래 꽃향기 나는 시절도 없이
징검다리 건너 작은 보퉁이 안고
어둠을 겹쳐 입고 돌아오는 지은아
바람의 발자국 따라 강둑에 노란 달맞이꽃 피었다

"보고 싶구나, 한번 다녀가거라."

팔순 노모의 전화가 가슴을 찌른다
그리움으로 혓바닥에 하얀 가시꽃 피운 어머니
당신은 마르지 않는 우물
마른 울음 우는 날도
조용히 깊은 우물물 퍼올렸다
두레박 소리만 들렸다
생을 업고 가는 이 길
밤길 잃지 말라 온몸 태워 등불 걸어 두셨다

천 년 후 지은의 어머니

*『삼국유사』 권5 '효녀 지은'

빗질

한 치 흐트러짐 없이 가르마 반듯이 타고
긴 머리 풀어 참빗질로 이른 새벽 여신 어머니
빗살 사이로 고운 명주실 같은 세월
급히 흘러내려 하얗게 서릿발 내렸습니다
노란 삼회장 저고리 붉은 스란치마가
보라색 엉겅퀴 몸빼바지 되었습니다
어머니 길 없는 들판에 가르마 같은 길 내시고
등불 밝혀 어린 자식 귀하게 키우셨습니다
지난 밤 큰 바람이 빗질해둔 대숲
서걱이는 소리 삽상한데
탱자나무 울타리 속 굴뚝새 빗금치며 노는 사이
염치 없는 세월
늙으신 어머니 빗질하고 있습니다
동구 밖 이빨 빠진 누런 참빗 하나
열녀비로 서 있습니다

3부

빛나는 고전

바다의 흰 뼈가 빛나는 아침
춤추는 귀신고래 떼 따라
반구대 암각화 속으로 들어간 사내
네모난 동굴 부족 여인에게
코르셋을 벗고
바람의 옷을 입으라 한다
심연을 흐르는 물길
물소리에 주파수를 맞춘다
온몸으로 암각된 그리움
우주의 파동이 밀려온다
뜨거운 상징을 바위에 새긴 사내
심장 소리
한 장면만으로 클라이막스인
고전이 있다

버스킹

해수욕장 2번 망루 앞에서
팬파이프를 부는 사내의
엘콘도르 파사가 울려 퍼지자
붉은 일몰을 몰고 오는 새떼들
그의 콧수염은 안데스를 오가는 구름을 뚫고
바다를 헤엄쳐 동해안까지 닿았는지 모른다
어둠이 아코디언처럼 첩첩히 접힌다
무릎이 아픈 남자가 마술 모자에서
장미꽃을 피우고 투명 구슬을 요리조리 갖고 놀자
물컹물컹한 시간이 쏟아진다
천둥이 한 번 더 힘껏 내리치자
깨진 거울의 눈에서 검은 눈물이 흐른다
지구가 익어가는 밤
흰 토끼를 꺼낸다
오늘 저녁은 토끼 요리라고
요리사에게 일러둔다
마술사의 몸에서 달아나는 토끼
토끼의 붉은 눈동자가 흔들린다

손톱을 물어뜯는 마술사의 손이
조금씩 사라진다

바다는 칼날을 세운다

리스본 좁은 골목이 헐거워지는 저녁
어깨 굽은 아버지가 시거를 피고 있어
타자기의 자판은 느린 블루스를 추고
오타난 활자들의 부스러기가 마루를 기어 다녀
어둠도 무거워 아침이면 떨어지는데
영혼의 무게로 자판을 누르는 손아래
부조처럼 돋아나는 문장들
행갈이 하다 흘려보내기를 몇 번 했던가
바람의 타법으로 세게 두드리자
문장이 번뜩이고 있었지
다른 속도로 타이핑해
이 도시를 서술하는 시간이야
도시의 지층에는 주름진 시간이 흘러
사방으로 날갯짓하는 새떼도
비의 무게를 피해서 쉬는 시간이 필요해
막다른 골목의 추억 하나 들어 볼래
눈이 먼 여인이 읊조리는 파두* 소리가 들려
그놈은 나쁜 놈이었어 하는 노래

검은 원피스 위로 붉은 스카프를 두르고
눈을 감고 부르던 젖은 목소리 따라서
대서양을 행갈이 하는 고래들
철석이는 바다는 칼날을 세운다

*포르투갈의 대표적인 민요. 바다를 숙명처럼 받아들이며 살아온 리스본 사람들의 그늘진 삶과 그리움을 담은 노래.

꽃을 위한 모노로그

그녀에게 가는 길은 멀고 아득해
내 딸 수로*가 정오의 꽃그늘에서 낮잠 들 때
비릿한 해풍이 몰고온 스캔들
온 서라벌이 시끄러웠지
구름에 걸린 신음소리
해신이 삼킨 붉은 꽃이라는 둥
펼쳐진 꽃잎이 수천 겹 체위를 바꾼다는 소문
바람의 혀는 허공에 피어나고
나를 뚫고 가는 저 꽃
어둠이 겹쳐 더운 피 마시고 싶던 시절
천년이 흘러가도 수로는 꽃의 클리토리스
시간의 물길을 퍼올리는 힘찬 물관소리
꽃봉오리 벙글어지는 생의 기미를
너무 오래 사랑했어
열두 겹 어둠이 쌓이면
암소를 탄 견우가 꺾어다 준
생각의 꽃을 피우지
전생의 나는 암소였는지 몰라도

현생에선 테러리스트
바람의 꽃만 그리는 화가
꽃의 중독자지
뜨거운 꽃잎, 수로가 묻는다
삶과 죽음의 틈 사이
뜨겁게 뜨겁게 꽃피어 봤느냐고

*『삼국유사』 권2 '수로부인'

칠월

잿빛 바다의 얼굴 위로
지나가는 배의 고물은 고전적이지
뿔 달린 것들은
뚜껑 열린 하늘을
끝없이 쏟아내고 있어
배신의 끝을 보는 기분이야
새는 등을 돌리며 아득히 사라졌어
구름이 무거운 날이면
백야를 생각하는 거야
젖은 생각을 말려서
높이 더 높이 걸어놓고
스텝을 밟는 게지
여우는 아홉 개의 꼬리를 달고
승천하는 걸까
이제 침묵은 지루해
세상을 허문 경계심이
기웃거리는 밤
향기도 없이

돌이킬 수 없는 허위만 만개했어

칠월이 이죽거리는군

애니메이션

그리움을 결박하러
술집으로 가는 앞집 김씨
허리 꺾인 세상을 사느라
요통 앓는 저녁
한 잔 또 한 잔

유도화 피고 비내리는 팔월
아내가 벽의 달력을 치운 날
벽은 허연 얼굴을 드러내고
한 잔 가볍게 건배한다

가로등 긴 그림자를 구부려 옆구리 차고
소주 세 병에 피곤한 삭신을 적신 날
허연 벽에서 저벅저벅 걸어나온 술병이
김씨를 마시고 주정을 한다

낡고 녹슨 아내가 벽 속으로 숨고

달력을 지운
벽은 문을 닫는다

건기의 아이들

오프닝 컷이 올라가면
질주하는 캐디락
속도는 바람을 찢는다
빈털털이의 로드 무비
장난스런 총질에 쓰러진다
새의 눈동자에 각인된 얼굴이야
프레임이 바뀌면 인생이 바뀌지
갈 때까지 가버린
살인의 뒤편은 고요하다
구름의 일이 산을 넘고
노숙의 밤이 흐르는 강물
겨드랑이를 파고드는 붕장어 떼
지느러미가 가렵다
외압에 밀려 퍼득이는 순간
늑골이 아파온다
시골길은 사이렌 소리에 덜컹거리고
푸른 먼지의 아이들이 춤춘다
녹슬은 건기의 계절이야

너와 그네를 타고 싶은 밤
탕탕탕
총소리 나고
클로즈업 컷이 내려온다

불혹

달랑
캄캄한 줄
하나에 매달려
고층 유리창을 닦는 사내
팽팽히 긴장한 로프가
유리창을 뚫는다
고목의 왕매미처럼 붙어
가슴에 비린 무늬 새긴 사내의
울음의 배후는 알 수 없지만
쓰르르 쓰르르 수액을 뿜어
얼룩진 불혹을 닦는 손길
굵은 손금 사이로 보이는 골목
이른 아침마다
반지하 셋방 창틀을 타고
피어나는 나팔꽃
불알 두 쪽이 불안하다 수런대고
양 어깨에 얹혀
흔들리는 불혹이 불룩하다

개기일식

달이 해를 베어 먹자
어두워지는 해변
소란스러운 사람들은
긴 터널로 들어선다
새어나오는 오랜 추억이
경적을 울려
어둠을 삼키는 불빛 뒤에서
달의 그림자가 모로 눕는다
입을 다문 여자들의 그늘에서
자귀꽃이 피고
망개 열매가 익는다
아무도 들여다보는 사람 없는
겨울이 흘러오고
터널 안은 적막한 흑암이다
뒤돌아보면
던지는 돌팔매는 허공에 떠 있다
축축한 안개의 혀는
미로로 통하는 길을 자른다

오래된 극장

오래된 극장은 내면의 거울이다
사막의 깊은 우물에서
길어 올린 흩어진
꿈의 산란물이다

네온의 거리에서 싸움박질 하는
불량한 꽃들의 미소
푸른 광선이 쏟아지는
목로주점의 낡은 의자
부서져도 좋다

은근한 시선으로 손짓하는
애로 여배우의 벗은 몸짓
19금이라도 좋다
불온은 불화를 낳고
불화는 명화를 낳는다

바다에 돌멩이를 던지면

바로 들어가는 요트장
한 귀퉁이 옛 극장이 울고 있다
잊히어가는 슬픈 그림자가 되어
손짓하고 있다

영화제의 레드카펫이
어둔 창고에서 늙어가고 있다
여자는 먼 곳으로 여행을 떠나고
프랑스 여배우 오드리 토투가
돌팔매질 하는 오후
폭우가 내린다

삼도 화상

어제 불꽃이 다녀갔다
막다른 골목을 막아선 불길
중심을 벗어던진 그림자 따라
둥글게 핀 열꽃들
얇은 외피와 진피를 뚫고
팔목에 핀 붉은 동백
자기 몸의 열기로 뜨겁다
담벼락 벚꽃이 화르르 지던 밤
초경이 시작된 열 다섯 봄이던가
장롱 깊숙이 간직된 서답을 처음 보았다
여자는 익은 음식이라는 말씀
몸을 지키라는 붉은 화인이 새겨졌다
햇빛으로 화인의 독을 다 지우고
바람 속에서 내 몸의 중심을 세우자
푸드덕 날아오르는 불새
바람의 옹이를 먹는다

향유고래

어둔 바다를 깨워
날마다 닻을 올리는 꿈을 꾸는
폐선의 겨드랑이는 간지럽다
활처럼 휘어진 해안선 가장자리
갯벌에 누운 늙은 황소같은 폐선
천개의 강에 젖은 달이 떠오르는
지루한 하루를 되새김질 하면서
한때는 어부의 보물창고였을 그는
철없는 파도의 이죽거림을 속 좋게 웃어버린다
괭이갈매기는 그를 향유고래라 부른다
건너편 돌고래 횟집의 커다란 간판은 대낮같은 집어등이다
희망을 만나려면 절망의 끝을 넘어서야 한다며
깡소주로 목구멍의 소금기를 헹구는 사내
너른 바다에 꿈의 그물을 던져보는데
모든 것을 잊고 싶어 떠났던 사내의 늦가을이
황소걸음으로
느릿느릿 오고 있다

터널은 아픈 질문이다

사직터널 지나 자하문터널 건너
터널의 넓은 목구멍
혓바닥 같은 차선 따라
쳇바퀴 도는 일생이 굴러간다
지맥이 끊기고
손목에 저릿한 통증이 오는
추석 저녁
손가락 마디도 가지런히 쿡쿡 웃는다
내가 편해지려면 열 손가락이
더 필요하지
비상탈출 하듯 떠났다 돌아오니
문이 열리지 않는다
익숙한 번호
다시 익숙한 번호에도
침묵하는 문
나 없는 동안 새 비밀을 갖게 된 것이다
집밖에 갇히다니
증발한 시간이 우체통에 쌓이고

담벽에서 북해의 파도소리 들린다
작은 섬들이 발가락으로
크루즈 여객선을 간질이는 백야
도둑들은 눈물 몇 개 주워들고 떠날 뿐
달력에 빗금을 그으며 기다리던 날들

요정의 노랫소리가 들려오니
또 터널이다

숨바꼭질

도시의 지층에는
유령의 산책을 알려주는 신호들이
압화 속 꽃잎처럼 눌려 있다
향기가 없어 미래를 잃은 사람은
죽기 전에 그림자가 된다

어둠이 익어가고
사이렌 소리가 스쳐가는
도시의 밤은 홀쭉하고 길어진다
외진 곳에서는 귀가 순해지는가
나를 부르는 소리
등 뒤에서 멀어지고
발 없는 새가 놀아 주었다

잊힌 기억이 부표처럼 떠올라서
너울거리는 해안은 사방으로 열렸다
귀신고래가 춤추는 동안
내 마음의 속도는

45쪽과 46쪽 사이에서
가속도를 내었다
활자들은 헤엄치지 않고
당신은 49쪽 어디쯤에 서 있다

4부

불새

 해변 한가운데 신전처럼 봉인된 달집, 침묵하던 달집 늑골에서 폭발한 불씨들 불의 날개를 달고 시나위를 연주한다 바닷가를 누비는 아이들도 흥에 겨워 벌새처럼 붕붕 날고 별똥별 하나 하늘을 가르고 사뿐히 내려온다 둥근 대보름달이 해풍과 함께 달집을 아삭아삭 파먹고 있다 칠십 겹, 팔십 겹의 가슴을 열고 조아리며 비손하는 자글자글 주름진 얼굴들, 천 개의 손 무수한 손바닥이 피워 올리는 기원이 푸른 불꽃을 방사한다 불타는 돌 속에 숨겨둔 새의 영혼이 날개를 펴고 거친 숨을 몰아쉰다 무릎 꺾인 삶의 손바닥은 너른 바다가 되어 돌고래를 키운다
 불새 한 마리 날아간다

일요일의 연애

마트료시카를 닮은
바다의 얼굴을 보았니?
겉옷을 한 꺼풀 벗기면 더 어려진
소녀가 나타났어
발그레한 볼에 게걸스럽게 퍼먹은
아이스크림이 묻었어
부푼 해변에 아이들 웃음소리가 뒹굴었어
괭이갈매기 붉은 발자국이 꾹꾹 눌러놓은
해안선이 길어졌어
저녁을 들고 날아가는 새떼들
지나간 하늘은 텅 비어 있어
잠이 오지 않는 새벽에
침대는 불안하게 삐걱거렸어
깊이 자맥질하던 침대를 빠져나와
길을 떠나야 했어
철계단 아래 무뚝뚝한 고양이는
이 동네의 대장 고양이
녀석은 지나갈 때마다

인사하는 나를 못 본 체 했어
도도한 자세는 그의 삶의 방식이지
모자를 쓴 토요일이 늦게 찾아왔어
주말에 만드는 요리는 만두
무궁무진한 만두의 세계였어
눈물도 녹여내는 언니의 만두
차가운 겨울비를 맞고도
희희낙락 돌아오는
일요일의 연애를 예감하는
만두는 용감했어

암스테르담

매지구름 일렁이는
긴 운하를 따라
늙은 낙타가 걸어간다
중앙역으로 가는
신호등의 눈이 붉다
피리를 불어주는
사내의 입술에
잔잔한 파동이 인다
아이들이
맑은 가락에 홀려 사라진 거리
그림자 따라
그림자 없는 동물처럼 슬픈 짐승은 없다
오랜 여행의 끝에서
절벽을 걸어본 적이 있다
신발 벗은 봄을 따라
천둥이 울자 소나비 내려
속절없이 몇 세기가 지나간다

달빛을 지우는
나를 놓치지 않는 그림자가 간다

넥타이는 즐겁다

미술관 텔레비전 열두 대 화면 속으로
차오르는 달이 서서히 여위어 간다
지도 밖 보이지 않는 집에서
기도하는 밤
나는 사막을 걸어가는 낙타가 된다
한 시절이 지나가고
카라반 대열에 합류한 어미낙타는
사막의 늑골을 펴는 모래폭풍 속을 걷다가
희미한 냄새만으로도
죽은 새끼 낙타를 묻은 지점을 기억한다는데
내 삶의 조각을 숨겨둔 폐허 위에
묵묵히 뜨는
둥근 달은 나의 가장 오래된 시계*이다

백남준의 장례식에서
조객들이 상대방의
넥타이를 가위로 싹둑 잘라주며
낄낄대면서 영정 앞에 바치자

백남준 형이 빙긋 웃었다는 이야기

빌 클린턴 앞에서
팬티를 내려 발기하는 자세로
웃픈 모습을 보여주며
예술은 사기라고 일갈하는 사내의
발기하는 넥타이
검은 넥타이 하얀 넥타이 붉은 넥타이를 매자

미운 놈은 넥타이로 묶어주고
되바라진 넥타이
목구멍이 훤히 보이도록 웃는다
남준 형이 기린 목에 귀여운 나비넥타이를
코끼리 목에 줄무늬 넥타이를
생쥐 목에 깜찍한 물방울 넥타이를 매준다

나도 노란 넥타이를 맨다
세월호 희생자 조문소에 가려고

*달은 가장 오래된 시계: 백남준의 작품 이름

베토벤 바이러스

산산 태풍이 불던 밤
사이버 세상에서 한 남자를 만났어
하늘의 아들 해모수, 늠름한 그 남자
첫눈에 반했지
나 오늘 자정에 사이버 강가에서 팔삭둥이를 낳았지
닷 되들이 큰 알을 낳았어
인큐베이터에 넣었지
내 아이는 특별해
무럭무럭 크길 바래
그의 나라가 번성하길 바래
나 아무래도 바이러스 먹었나봐
편두통이 오른쪽에서 왼쪽으로 심해진 걸 보니
나를 그에게 발송해
이제 네비게이션은 필요 없어
그는 어디서나 나를 수신하지
베토벤 바이러스를 뜯어 먹던 그가
파이프 담배를 피우다 그만
'이것은 파이프가 아니다'*가 됐다는군

그를 복제해야지 늦기 전에
벽에 걸어야겠어

사랑해
어서 나를 포맷해 줘

*르네 마그리트의 그림.

아이스 워치[*]

죽어가고 있는데
흰 달이 뜬다

삼월 아이슬란드
오천년 전 밀사가
시스루 포털을 타고 도착한다

적군이 오기 전에
세상에 보내는 마법
얼음 속에 알을 낳는다

유전자를 바꾼 빙하
표정이 변할 때마다
옆구리와 옆구리에서
흐르는 차가운 흰 피

국경도 없는 묘박지에서
사라지는 반쪽 얼굴들

더 이상 머물 곳이 아니라는 듯
크레바스는 입이 점점 벌어지고 있다

수상한 계절이다
아무도 모르게 상복을 입는다

*올라퍼 엘리아슨의 아트워크로 지구온난화로 빙하가 녹는 것을 시각적
 으로 보여줌.

이상 기후

밤새 내 발에서 뿌리가 자라고 있다
흙길도 아스팔트도 오솔길도 산길도
거부하지 않던 발
발이 비명지른다
성장통일까
여기저기 쏘다닐 곳 많은
내 발이 영토 확장이라도 하려는 걸까
왼발 가운데가 찢어질 듯
인상 쓰더니
오늘은 믿었던 순한 오른발이
말벌에 쏘여 화끈거린다
존재도 자주 잊고 살았던
마구 사용해도 되는 줄 알았던
그가 아껴달라고 보듬어주라고 한다
언제나 맨발의 청춘인 줄 아는 내게
엄중히 경고하는 뜨거운 통증
살아있으니 느끼는 중이다
길이 험해져

마음으로 걸을 일이 많은 요즘
발로 쓰는 내 시는 어디쯤 가고 있는지
어쩌자고 지구는 뜨겁게 달아오르는가
폭염의 나날들
돌로미티 빙하가 녹아내려
지나가던 등산객들이 눈사태 속으로 사라져버린
오후 네 시
하늘은 텅 비어져 울고
간발의 차이로 살아난 자의 발자국이
산맥을 끌고 내려온다
달 위를 걷다가
놀란 발은 지나온 길을 기억한다
모든 길이 발밑으로 흘러가는 중이다

구월의 레퀴엠*

기억의 소실점은
올리브의 은빛이 빛나던 오지에 있다
말도 없이 쓰러진
너는 봄을 맞지 못하는 짐승
그림자로 봉인된 질항아리
다시 돌아갈 간이역이 없는 자
투명한 바람의 송가로 남아
내 어깨를 두드리고 있다
지난해의 비밀이 물방울 지는
저물녘 창가에 앉아 보는 거리의
긴 침묵은 잿빛이다
하늘의 얼룩을 닦는 태산목
늙은 손바닥의 지문이 흐릿하다
소금꽃 피워
마음의 문을 잠그는 그대
꿈속에서 익사를 꿈꾸었나
강물에 실려 구르는 동안
가랑이를 오므리는 수초

생의 저류지는 오랜지 색깔이다
남은 자의 노래가 밤마다 들린다

*레퀴엠: 위령미사 때 드리는 진혼곡.

암코양이 여자

가시나무 골목 안
가시나무 울타리집
가시나무 둥우리
가시나무새 헤엄치고
가시연못 가시고기 날아다닌다
가시햇살 아래
가시기차가
하늘을 거꾸로 달려가는데
오후 두 시의 길이 울고
가시바람이 웃는다

술병이 그녀를 마시고
담배가 그녀를 피우고
침묵이 길들이는 가시마을
날개 달린 가시고양이
구름을 낚아채고 달을 삼킨다

내부수리 중

큰 물음표 하나가 구불텅 버티고 섰다
검은 장막이 사방을 둘러싼
두 눈만 어리둥절한 부르카
아프간 여인의 얼굴처럼 낯설다

턱뼈를 깎아내고
새 모습으로 출연하겠다는
젊은 여배우의 웃음소리
당당하게 외부수리 중이라고
전신마취 아득한 벼랑
각이 살아있는 얼굴선
TV화면에 또렷하다

벌거벗은 저 벚나무
죽은 듯 동안거에 든다

견고한 각을 익힌다

마우스

어두운 다락방
그의 파일 속엔
늙은 쥐가 살고 있다
꼬랭지가 긴 쥐
시간을 갉아 먹고
후식으로
詩詩껄렁한 시를 먹는다
바람 부는 사이버 뒷골목을 배회하다
어미 잃은 아기 고양이
한 마리를 검색한다
미처 서버를 찾지 못해
좌불안석이다
왼쪽 라이트 오른쪽 라이트를 켜고
흥분한 꼬리로
더블클릭 하자마자
애기 고양이 목에 방울을 다는
능청스런 저 늙은 쥐
저놈!

내일 쥐덫을 놓아야겠다

풀밭 위의 오찬

창문이 막힌 벽을 치우면
또 다른 벽
고시원 5호실에서
녹슨 시간이 벽 속에 들어간다
밀봉된 밀림 끝에서
물소 떼가 풀을 뜯는다

세렝게티*의 풀밭에서
새끼 누의 젖은 몸을 핥아주는 어미 누
낯선 기척에 놀란 가슴을 쓸어내린다
부드러운 살결 거친 발바닥으로
익명으로 살아가는 어제 오늘
마음의 구석은 늘 비워져
바람의 입술이 휘젓는 대로
흔들리며 산다

정글의 하루는 오후 다섯 시에 시작되고
새벽 부르튼 발로 돌아오는

세븐일레븐 슈퍼의 얼룩말 슈퍼맨
오늘도 지구를 지킨다

*세렝게티: 탄자니아 사바나 지역에 있는 국립공원.

레드카펫

영화제 개막식 날
카펫 위를 걷는 여배우의
뒷모습이 아찔하다
벗은 등이 웃고 있다
등진 사람들은
당신의 그늘을 가리지 말라고
앞보다 뒤가 더 정직하다고 말한다

스크린 속 등짐을 메고 가는
설산의 네팔 사내에게
산길을 오르는 일이
무거운가 묻지 말자
그의 등이 단단한 동안은
그도 산의 주인공이다
공중을 들어올린 눈보라 속
새의 등이 검붉다

히말라야를 넘는

바람의 등이
껄껄 웃는다

백날의 꿈

풀밭 위 거울 속
검은 새가 날고 있다
새장에는 구름의 문장이 걸리고
꽃병을 들고 서 있는 창문
녹슨 슬레이트 지붕이 들썩이는 밤
빈 의자가 거실에 앉아 카푸치노를 마신다
열차의 바퀴들이 박자를 맞추는 동안
내 안의 지문이 흔들린다
감춘 얼굴은 이면이 많은 사람이지
빈 의자가 거실에 앉아 묵상을 한다
주파수를 놓친 라디오가 소란스럽자
바닷물이 넘쳐 들어오는 현관
만조를 알리는 부엉이
눈동자의 광채가 변화무쌍하다
황사가 말발굽 소리를 내며 달려온다

바닥에 대하여

바닥을 칠 때는 납작 엎드리거나
힘껏 발 굴려 훌라밍고를 추어야 한다
손뼉을 치며 고개를 들어야 한다
추락의 지점은 더 세게 두드리고
길들여진 것의 애착을 끊어야 한다
쓸쓸한 이 별의 이별은 잊어야 한다
침묵하며 흔적을 지워야 한다

해설

삶을 통찰하는 포용의 힘

손남훈(문학평론가)

 신원희의 시는 삶의 본질적이고 총체적인 문제, 즉 생과 사의 스펙트럼을 시적 테마로 다룬다. 신원희 시집에서 낡고 늙고 녹슬고 소외된 존재와 사물들에 주목하면서 그와 대극에 놓인 생의 고양과 의지를 보이는 시편을 만나기란 그리 어렵지 않다. 물론 이는 신원희 시만의 특징이라 말할 수는 없을 것이다. 그러나 살아있되 죽음을 향해 나아가고 있는 삶의 부조리를 인식하면서, 세상의 무의미를 나의 의미로 구체화하려는 시적 노력을 진정성 있게 보여주는 시인은 그리 많지 않을 것이다. 생의 전체를 통찰하면서 이를 역설의 언어로 제시하는 시인의 대상 인식과 세계 감응 태도는 파토스적 세계 인식을 전제로 한 허무나 절망, 그리고 그 반대급부로 제시되곤 하는 무책임한

희망과 도피의 태도와는 분명히 구별된다.

그것은 신원희 시인의 시편에서 어떤 특권적 존재가 상정되고 있지 않은 것과 맥을 같이 한다. 그의 시에 등장하는 존재와 대상들은 특출나고 유별난 단독자들이 아니라 삶의 질곡 가운데 함께 고민하고 토로하며 고통을 느끼는 일반적이고 보편적인 존재와 대상들이다.

> 유월 땡볕을 베고 누운 나그네/ 커다란 날개를 겨드랑이에 마구 구겨 넣고/ 긴 산책을 마치고 달콤한 낮잠에 빠져들었다/ 그의 겨울 두툼한 돕바는 잿빛으로 번들거리고/ 덥수룩한 얼굴, 부리는 다친 듯하다/ 이제 커다란 날개는 방해가 될 뿐/ 대양을 날던 알바트로스는 땅위에선 절뚝절뚝 걷는/ 떠돌이/ 해안가 비린내 맡으며 아스팔트 더운 길가 귀퉁이가 그의 집이다/ 오늘은 하지夏至, 장마가 시작된다는데/ 비에 젖은 그의 날개 죽지는 더욱 간지러울 것이다/ 꺾인 날개로 비워내는 길은 얼마나 적막할까/ 간이역을 지나가듯 스쳐가는 순간이 아득하다/ 거대한 바다는 사라졌을까/ 잃어버린 해안선 따라 친구 돌고래들이/ 하늘 나는 꿈을 꾸었는가/ 새우처럼 웅크린 등이 움찔움찔한다/ 하늘 길을 놓친 바다새/ 천 겹의 속울음이 알을 낳는다/ 둥근 알 속에 물길이 열리면/ 낮은 해조음 소리에 날갯짓하는가// 알바트로스
> ―「알바트로스」 전문

눈 밝은 독자라면 이 시에서 보들레르의 「알바트로스」를 연상하기란 어렵지 않을 것이다. 주지하다시피 보들레르는 저주 받은 시인의 자기 지시적이고 연민어린 시선으로 알바트로스를 등장시킨 바 있다. 비상을 꿈꾸되 거대한 날개를 가졌다

는 역설적인 이유로 우스꽝스러운 '바보새'가 되어 버린 알바트로스의 모습은 땅 위의 야유를 감내해야 했던 보들레르 자신의 상황과 별반 다르지 않았던 것이다.

그러나 보들레르에게 시인이 땅 위를 살아가는 평범한 보통사람들과 확연히 구별되는, 선지적 존재라 한다면, 신원희 시인의 시편에서 알바트로스는 "나그네", "떠돌이"로 지칭된 소외 받는 민중의 한 전형으로 구체화되고 있다. 그는 "하늘길을 놓친 바다새"로, "천 겹의 속울음"을 우는 존재로, 이 땅 위에 내던져진 존재인 것이다. 그러니까 천상의 지위를 상실하고 지상으로 추락한 시인-알바트로스가 단독자와 세계 사이의 부조리를 폭로한다면 이 시의 알바트로스는 인간이면 누구나 보편적으로 가질 수밖에 없는 근본적인 실존의 양식, 다시 말해 존재의 소외 문제를 사회적 소외와 결부시켜 적절히 제기하는 대상이다.

    몸속 울음 주머니를 열자/ 모래 아래의 얼굴이 흘러내려요/ 감춰진 주름살이 무거워요/ 그림자 없는 유령이/ 거실에서 침실로 옮겨가고/ 창백한 그의 발자국 소리를 듣고 있는/ 밤이 눅눅해요/ 내 안의 길이 들판을 돌아오면/ 침대의 얼룩도 반가워질까요/ 기억을 버려/ 구름의 발목을 늘리듯/ 생의 유효기간이 늘어날까요/ 화면 속 글자들이 흐느끼고 절규해요/ 죽은 나무껍질에 이름을 새겨요/ 낮은 노을을 베고 누워요/ 슬픔을 램프처럼 들고 갈래요/ 구불구불한 길을 신고 갈래요/ 연습도 못하고 넘어갈래요/ 폐허의 텍스트 속으로/ 북쪽으로 이사 중이에요

—「모래의 시간」 전문

근대 이후 인간 소외의 근원에는 늘 죽음의 문제가 도사리고 있다. 노르베르트 엘리아스는 근대가 죽음을 배제하고 억압하며, 아직 살아있는 죽어가는 자가 공동체에서 소외되는 비참함을 논구한 바 있다. 죽음이라는 인간의 가장 실존적인 영역이, 죽음이 배제된 근대 사회 속에서 역으로 배척됨으로써 우리는 죽음에 대해 벗어나 있다고 환상하게 된다는 것이다. 죽음은 인간에게 닥칠 보편적이고 자연스러운 현상임에도 공포와 위협의 영역으로 몰려 근대사회에서 타자화된다. 그리하여 사회적 자아로서의 인간은 죽어가는 상황을 맞이하면서 실존의 위기와 함께 공동체 속에서조차 아무런 정서적 의미를 가지지 못하는 존재로 전락한다. 거기에는 진정성도, 애도도, 참다운 삶의 성찰도 없으며 소외를 정당화하는 자본의 음험한 책략만이 속을 내보이고 있을 따름이다. 이제 죽음은 단지 실존의 문제일 뿐 아니라 근대자본주의 사회 속 공동체의 소외 문제이기도 한 것이다.

신원희 시인의 시편에서 죽어가는 자의 고독이 감각되는 이유는 이와 같이, 그의 시편들이 실존의 소외가 사회적 소외와 맞물리며 진행된다는 사실을 명확히 인식하고 있기 때문이다. 삶에서 죽음으로의 과정을 "거실에서 침실로 옮겨가"는 압축적 표현으로 탁월하게 보여준 이 시의 화자는 죽음의 과정과 삶에의 집착 가운데서 주체가 조금씩 "북쪽으로 이사가는 중"임을 냉엄하게 그려낸다. 그러나 죽어가는 자는 그저 무의미하게 공동체로부터 삭제되는 것이 아니라 "침대의 얼룩"처럼, "죽은 나무껍질에" "새겨"진 "이름"처럼 어떠한 외연으로 그 흔적을 남긴다. 이때 시인은 살아있는 자, 특출난 자, 공동체에 이름을 날리는 자들의 편에 있지 않다. 부서지고 무너지고 흘러내려 이제는 창백한 유령의 발자국 소리만을 감지하는 이의 편에서 그들을 위한 애도의 노래로 시를 쓰고 있다. 아무도 애도하지 않는 시대, 울음을 대신 울며 애도하는 신원희 시인의 시편이 지닌 진정성이 여기에 있다.

> 반 박자 놓치고 시작한 찔레꽃 가시에/ 붉게 찔려가는 십이월 오후/ 언니는 한계령을 멋지게 부르다/ 아리랑 고개로 날 넘겨주었다/ 집시처럼 떠돌다가도 세모엔/ 도돌이표 되어 함께 노래방으로 모이는 사람들/ 한 해의 마침표를 찍는 중이다/ 고음불가라도 목청껏 부르는 노래/ 생의 지루함을 지루박 추듯/ 슬슬 돌려보는 것이다/ 중심을 잡으려 한 박자 쉼표 위에 서보는 것이다//
> 안개 짙은 밤에
>
> ―「찔레꽃」 전문

약자와 소외된 이들에 집중하는 신원희 시인의 시편들에서 그들과 함께 하는 시적 태도를 보여주는 작품들을 만나기는 어렵지 않다. 위 시는 그 예가 된다.

이 시의 화자는 "집시처럼 떠"도는 통속적인 삶의 모습들은 "생의 지루함"을 안겨주지만 그럼에도 가장 통속적인 삶의 양태를 가장 통속적인 노래와 춤으로 어루만지는 뭇사람들의 태도에 대해 "중심을 잡으려 한 박자 쉼표 위에 서보는 것"이라 변호한다. 생의 곡진함을 함께 하는 화자의 시선은 스스로 삶의 무게를 위무하는 그들과 함께 아파하고 슬퍼하며 괴로워한 데서 비롯한 것이다. 비록 삶이 뭔가 조금씩 어긋나고("반박자 놓치고") 황폐하며("십이월") 앞이 보이지 않을지라도("안개 짙은 밤") "한 해의 마침표를 찍"으며 서로가 함께하는 과정은 새로운 한 해를 기약할 수 있는 자양분이 되어줄 수 있을 것이다. 그것은 이 평범한 군상들이 정말로 "중심을 잡"는 데 성공할 수 있을 것이라 믿기 때문이라기보다 이제는 그와 같은 삶의 질곡조차 그저 삶의 일부로써 받아들여질 수 있다고, 그러니 함께 찔리고, 함께 노래 부르며, 함께 춤추며 이 생을 견디자고 말하지 않고서도 서로 소통하고 있다 생각하기 때문일 것이다.

> 달랑/ 캄캄한 줄/ 하나에 매달려/ 고층 유리창을 닦는 사내/ 팽팽히 긴장한 로프가/ 유리창을 뚫는다/ 고목의 왕매미처럼 붙어/ 가슴에 비린 무늬 새긴 사내의/ 울음의 배후는 알 수 없지만/ <u>쓰르르 쓰르르 수액을 뿜어</u>/ 얼룩진 불혹을 닦는 손길/ 굵은 손금 사이로 보이는 골목/ 이른 아침마다/ 반지하 셋방 창틀을 타고/ 피어나는 나팔꽃/ 불알 두 쪽이 불안하다 수런대고/ 양 어깨에 얹혀/ 흔들리는 불혹이 불룩하다
> ―「불혹」 전문

이러한 삶의 위태로운 질곡을 위 시는 "고층 유리창을 닦는 사내"로 구체화한다. 사내의 "불안"한 업무가 언제 죽음을 맞닥뜨릴지 알 수 없는 인간의 실존적 양태를 지시하며 "반지하 셋방 창틀"이 암시하는 사회적 소외까지 내포할 때, 이

시의 중심 테마인 "불혹"은 더 이상 금기의 유혹을 이겨내는 사대부의 도덕적 교양으로서의 불혹이 아니라 실존적 고통·시련·두려움에 무던해진, 우리 주변에 흔히 만날 수 있는 가난한 중년의 이미지로 재의미화된다.

삶의 질곡을 삶의 외부로 배제하여 밀어내는 태도가 아니라 "고층 유리창을 닦는 사내"가 자신의 업 자체가 "불안"일 수밖에 없듯, 삶의 근원적 태도로 받아들이며 무던히 수용해내는 이 시의 시적 태도는 죽음이 실존의 근원임에도 이를 배제하고 삭제함으로써 영원을 환상할 수 있다고 믿는 근대의 사고방식과 정확히 반대된다. "불혹"을 그저 세계와 타협하며 수동적으로 수용하는 존재의 한계상황으로 보아서는 안 되는 이유가 여기에 있다. 이 불혹은 단순한 수용이 아니라 근대에 대한 비판과 저항이 내포된, 정치적 의미로서의 포용이기 때문이다.

이러한 불혹의 모습은 「바다 요리」에서도 나타난다.

  바다의 껍질을 벗겼다/ 파도를 찢었다/ 토막 난 바다 옆구리를/ 지난 여름의 소낙비와 천둥번개를/ 밀봉한 비밀을/ 찜통 속에 처넣고 불을 지폈다/ 푸드덕 솟구치는 바다/ 돌팔매질로 바다를 가라앉히고/ 나는 운다/ 구름과 폭풍의 손톱에 상처난/ 혼자 먹는 점심/ 옹배기에 퍼담은 바다/ 시들은 오후/ 미지근했다
                                        ―「바다 요리」 전문

이 시에서 "바다"는 겉으로는 요리 대상으로써의 해산물을

의미하는 것처럼 보이지만, 시적 화자가 마주하는 대상, 즉 세계를 상징하는 것으로 이해할 수 있다. 다시 말해 시인은 해산물로 요리하듯 상상력을 발휘하여 세계를 "벗"기고 "찢"어 "찜통 속에 처넣고 불을 지"피고 있다. 그것은 세계에 대한 증오심의 발로인데, "나는" 세계에 의해 받은 "상처"를 안고 있기 때문이다. 시인은 세계에 대한 미움, 시기, 질투, 폭력, 광기, 적대감을 불처럼 지피고 돌팔매질을 하여 가학적으로 세계를 분쇄하고자 한다. 그러나 그 결과 시인에게 남은 것은 "나는 운다"라는 슬픔, "혼자" 있음의 처량함, "미지근"하다는 허무감뿐이다. 결국 세계와 맞서 분투하는 시적 화자의 강렬한 적대 의식은 그저 삶의 근원적 한계를 확인하는 결과만을 가져올 뿐이다. 세계에 대한 적대가 존재와 대상의 순수성을 간직하기 위한 이질성의 배제 과정이라 본다면, 그것은 결국 자신에게 회귀하는 슬픔과 고통의 재확인에 불과할 뿐임을 이 시는 냉정하게 보여준다.

비록 세계가 주체에게 상처를 가하는 대상이라 할지라도 세계-내-존재로서의 주체는 옴짝달싹할 수 없는 한계 속에서 자신의 실존을 인식할 수밖에 없다. '혼자 우는' 실존에의 자각이 '시듦'과 '미지근함'을 인지하게 한다고 해서 그것이 주체의 세계에 대한 패배로 요약될 수는 없다. 왜냐하면 주체의 이와 같은 세계 분쇄 시도는 그 실패에 의해 역설적으로 "불혹"을 포용하게 하는 이유가 되기 때문이다. 시인은 「오래된 극장」에서 "불온은 불화를 낳고/ 불화는 명화를 낳는다"고 했다. 세계를 넘고자 하는 시적 시도는 한편으로 주체의 한계를 확인하게 하지만 또 다른 한편으로는 세계의 이질성을 포용하고 이를 자기화하는 과정이기도 하다. 이를 압축적으로 보여주는 시가 「향유고래」다.

> 어둔 바다를 깨워/ 날마다 닻을 올리는 꿈을 꾸는/ 폐선의 겨드랑이는 간지럽다/ 활처럼 휘어진 해안선 가장자리/ 갯벌에 누운 늙은 황소같은 폐선/ 천 개의 강에 젖은 달이 떠오르는/ 지루한 하루를 되새김질 하면서/ 한때는 어부의 보물창고였을 그는/ 철없는 파도의 이죽거림을 속 좋게 웃어버린다/ 괭이갈매기는 그를 향유고래라 부른다/ 건너편 돌고래 횟집의 커다란 간판은 대낮같은 집어등이다/ 희망을 만나려면 절망의 끝을 넘어서야 한다며/ 깡소주로 목구멍의 소금기를 헹구는 사내/ 너른 바다에 꿈의 그물을 던져보는데/ 모든 것을 잊고 싶어 떠났던 사내의 늦가을이/ 황소걸음으로/ 느릿느릿 오고 있다
> ─「향유고래」 전문

이 시에서 "사내"는 한때 "모든 것을 잊고 싶어 떠났던"이로, 그때 함께 했던 배는 지금 "폐선"이 되었다. 사내 또한 "날마다 닻을 올리는 꿈을 꾸"고 "너른 바다에 꿈의 그물을 던져보"지만 그것은 그저 꿈에 불과할 뿐, 이제는 "깡소주로 목구멍의 소금기를 헹구"며 육지로 끌려온 "향유고래"처럼, 또는 "갯벌에 누운 늙은 황소"처럼 "느릿느릿 오고 있"을 따름이다.

이러한 사내의 욕망과 삶을 주시하는 시인이 그저 꿈을

잃어버린 한 사내의 애환을 재현한 것으로만 보는 것은 단견이다. 이 사내는 몰락한 영웅도, 잠재성을 펼칠 잠룡도 아니다. 그러나 그는 경험한 자다. "절망의 끝을 넘어서" 본 적이 있는 자다. 시인의 말로 대신하자면 「꽃을 위한 모노로그」에서 진술한 바와 같이 "삶과 죽음의 틈 사이/ 뜨겁게 뜨겁게 꽃피어 봤느냐고" 물을 수 있는 자다. 「불혹」의 사내가 제 삶의 불안을 견디며 무던해지는 불혹의 삶을 산다면, 「바다 요리」의 화자가 세계에 대한 적대감을 끝간 데까지 실행한 후 자신의 실존을 감각했다면, 「향유고래」의 사내는 자신의 꿈을 좇아 절망의 끝을 넘어본 경험으로 지금, 여기의 삶을 살아가는 자다. 그 모든 삶의 과정 끝에 당도한 삶의 방식이 '불혹'이다. '불혹'은 "철없는 파도의 이죽거림을 속 좋게 웃어버"릴 수 있게 한다.

그것은 꿈의 상실도, 희망의 거절도, 삶의 수동성에로의 투항도 아니다. 마치 꿈과 희망을 잃고 모든 것을 놓아버린 한 개체의 죽음이라는 상징적 의미로만 이해될 것이 아니다. 시인은 말한다. "벌거벗은 저 벚나무/ 죽은 듯 동안거에 든다// 견고한 각을 익힌다"(「내부수리 중」 부분)고. 마치 죽은 듯 보이는 벚나무조차 이듬해 새로운 꽃을 피우기 위해 제 몸을 갈무리하듯, 신원희 시인의 시편에 보이는 죽은 듯한 인물들과 대상들은 "견고한 각을 익"히며 제 삶의 또 다른 잠재성을 예비해둔다. 「꽃들이 타오르는 이유」에서 "버려야 할 것이 무엇인지/ 아는 순간을 그린다"고 한 시구가 그래서 나온다.

한때는 눈부신 광맥으로 순금의 세월을 누렸던 당신, 광부의 곡괭이질에 제 안의 광물 죄다 빼앗기고 텅 빈 갱도를 가르는 어둔 바람이 키우는 검버섯이 빈집을 채웁니다 집중호우 내리고 붉은 기억들 쌓인 해안선을 따라서 온 당신의 달팽이관 림프액에 맞출 주파수는 더 이상 남아있지 않습니다 깊고도 아득한 밤늦도록 꽃피우던 자궁의 줄기세포를 비우고 빈 가슴으로 남은 당신의 가슴 벽에서 궁상각치우 거문고 음률이 와르르 쏟아집니다 도시의 쓸쓸한 빈 골목 가득 당신의 젖은 세월의 바퀴가 구른 흔적 남아 있습니다 함지박 이고 있는 주름진 얼굴의 곡선은 자꾸 나무의 나이테를 닮아갑니다 몹시 추운 겨울을 견딘 나무결이 더욱 단단해진다는데, 단단히 마음먹고 살자 하는 당신의 굽은 어깨 너머로 늙은 차나무 한 그루// 꽃향기가 실려 옵니다
―「폐광」 전문

  죽음을 앞둔 나이 든 여성(시집 전체의 맥락으로 미루어볼 때 '어머니'로 보인다)의 총체적인 생애 서사를 형상화한 이 시에서 죽음, 소멸, 해체, 비어 있음의 음산한 이미지가 곳곳에 보인다. 그러나 이 시가 단지 어둠과 절망, 허무로 점철되지 않고 어떤 의지적 태도를 보이는 것은 "당신"과 동일시되는 "늙은 차나무 한 그루", 그 "꽃향기"가 "실려" 오기 때문이고, "겨울"의 시련과 고통 가운데서 되레 "나무결이 더욱 단단해진다"는 것을 알고 있기 때문이다.

  소멸을 부정하고 죽음을 외면함으로써 시련과 고통으로부터 멀어지는 것이 주체의 자기 존립('단단함')을 가져오게 하는 것이 아니라 되레 이를 수용하고 "나무의 나이테를 닮아"갈 때 주체는 역설적으로 생의 의지를 다질 수 있게 된다는 사실을

어머니로부터, 아무도 거들떠보지 않고 소외된 "폐광"으로부터 확인하고 있다. 이러한 역설과 비약이 신원희 시의 미학이 지닌 본질이라 할 수 있다. 그리고 이 양태는 여성을 시적 대상으로 이미지화할 때 구체적으로 나타나는 경우가 많은 것도 이 시집의 한 특징으로 볼 수 있다.

> 공복의 새벽/ 누구를 기다리는지/ 길섶에 쪼그리고 앉은 여자/ 바람의 긴 혀로 햇볕을 뜨개질한다// 꽃이 피는 눈길 따라/ 방향을 바꾸고/ 떠도는 호박벌/ 낮은 채로 만나/ 때론 제 가슴 속을 갉아먹는/ 벌레들을 껴안고 사는 여자// 생의 변방/ 폭우 내려도/ 싱싱한 늑골로/ 꽃 피우며/ 젖은 입술/ 넝쿨손으로 감추는 여자// 여자의 몸/ 여기저기 흉터 남아도/ 허공을 밀며/ 둥근 가슴으로 살아가는/ 이 시대에 맞는 만능여자
>
> ―「호박」 전문

이 시에서 "호박"과 "여자"는 단순히 원관념과 보조관념의 관계가 아니다. 서로가 서로의 원관념이자 보조관념으로 동일화되어 있다. 한 "여자"의 일생과 "길섶에 쪼그리고 앉은" "호박"이 제 몸을 키우는 과정이 같다. 세상을 꿈꾸고 누군가를 만나며 자신을 희생하고 시련과 고통을 감내하면서도 꿋꿋이 살아낸 여자는 "둥근" 호박과 어느덧 닮아있는 것이다. 비록 여자가 늙은 호박처럼 주름지고 많은 흉터를 간직한 채 "길섶에 쪼그리고 앉은" 초라한 모습처럼 보인다하더라도 "벌레"와 "변방", "폭우"가 안겨준 "흉터"는 되레 "이 시대에 맞는 만능여자"를 만들어낸 삶의 한 요소임을 시인은 적확하게 포착하고

있는 것이다. 「삼도 화상」에서, "바람 속에서 내 몸의 중심을 세우자/ 푸드덕 날아오르는 불새"라 했을 때 시적 화자는 여성이라는 사회적 규정이 안겨준 운명이나 숙명으로부터 벗어나 스스로 주체성을 존립하는 인간의 숭고함을 정열과 비상의 이미지("불새")로 제시한다. 이는 「불새」에서 "불새 한 마리 날아간다"며 영원한 생명을 상징하는 "불새"를 다시 호명할 때, 아니 그 전에, 「꽃들이 타오르는 이유」에서 "꽃들은 불꽃처럼 제 몸을 태운다"며 주체의 결연한 의지를 '소신공양' 모티프로 진술할 때와 같은 것이다.

> 바닥을 칠 때는 납작 엎드리거나/ 힘껏 발 굴려 홀라밍고를 추어야 한다/ 손뼉을 치며 고개를 들어야 한다/ 추락의 지점은 더 세게 두드리고/ 길들여진 것의 애착을 끊어야 한다/ 쓸쓸한 이 별의 이별은 잊어야 한다/ 침묵하며 흔적을 지워야 한다
> ―「바닥에 대하여」 전문

에드워드 사이드는 『말년의 양식에 관하여』에서 위대한 예술가가 말년에 이르러 자신의 원숙한 예술성을 뒤집어, 완전히 새로운 양식의 원초적인 형태로 돌아가는 것을 가리켜 '말년의 양식'이라 불렀다. 이는 곧 예술가의 자기완성이 궁극적으로 자기로부터의 망명에 있음을 통찰한 결과라 할 수 있다.

신원희의 이번 시집 마지막 시편인 「바닥에 대하여」에서, 말년의 양식 개념이 떠오른 것은 우연이 아닐 것이다. "애착을

끊"고 "잊"으며 "지"우는 주체의 결연한 의지와 염결성은 단지 예술가에게만 필요한 태도가 아니라 세계-내-존재로서의 인간이 자신의 한계 상황을 딛고 자기 존립한 주체로서 세계와 당당히 마주할 때 가지는 진정성의 다른 이름일 것이기 때문이다. 그러한 맥락에서 「베토벤 바이러스」, 「아이스 워치」, 「이상 기후」, 「백날의 꿈」, 「구월의 레퀴엠」 등에서 사회 현실과 세태, 기후 위기를 비롯한 문제의식을 단호한 비판으로 형상화하는 것 또한 세계의 부조리한 당위에 맞선 시적 주체의 고군분투의 한 모습으로 이해될 수 있다.

신원희 시인은 세계의 모순을 포용하되 이를 자기 갱신의 내적 아이덴티티로 삼아 의지적 상상력을 펼치면서도, 우리 주변의 편린과도 같은 존재와 대상들에게서 그 잠재성을 발견한다는 점에서 보편적 지평을 더 넓게 확보하고 있다. 이 점이 근대성을 비판적으로 성찰하는 신원희 시의 진정성이 윤리적 태도를 내포하고 있는 한 진경이 됨은 두 말할 나위가 없을 것이다.

바다는 칼날을 세운다

지은이 · 신원희
펴낸이 · 원양희
펴낸곳 · 도서출판 신생

등록 · 제325-2003-00011호
주소 · 48932 부산광역시 중구 대청로 135번길 5(401호)
      w441@chol.com   www.sinsaeng.org
전화 · 051-466-2006
팩스 · 051-441-4445

제1판 제1쇄 · 2023년 12월 15일

공급처 · 도서출판 전망

값 10,000원
ISBN 978-89-90944-83-2

*저자와의 협의에 의해 인지를 생략합니다.
*이 책 내용의 전부 또는 일부를 재사용하시려면 저작권자와 도서출판 신생 양측의 동의를 받아야 합니다.

*본 도서는 2023년 부산광역시, 부산문화재단 〈부산문화예술지원사업〉으로 지원을 받았습니다.